# Les larmes du

# CŒUR

KOUAH KOUAME PRIVA

# Les larmes du
# CŒUR

*(Poèmes)*

ISBN : 978-2-38499-111-2

## Dédicace

*Cette modeste œuvre est dédiée particulièrement...*

*À mes adorables parents, particulièrement mon père et ma mère, pour leur amour, présence, guide, prières, encouragement, conseils et d'avoir veillé sur notre éducation.*

*À mes cadeaux de sang, mes frères et sœurs : Edwige, Serge, Levi, Marcelin, Bénédicte, Yvette, Alice et autres.*

*À mes filles : Mayoli, Iris, Serache, Mimo et autres.*

*À mes amis : David Naba, Yéchi Gislain, Jean Luc, Affala Deborah, Anselme, Dago Rodrigue, Assi ÉLISÉ, Fréjus, Kodi, Oumar Déné, Keren, Jean Florent, Melin, Bassa Joël, N'dri Justin, Yaby Romuald, Kelly Yapo, Kelly Téa, Ohou Emmanuel, Poné Lou Emmanuella, Beugré Phanie, Aurélia, Karim Ballo, Chantal Konan, Dominique Elikpa, Tia Dominique, DENSEL Junior, Christina, Marus, Gobé, Marus GAH, Goua OCEKANE, Beka Andréa, Koura, Émile AMON, Babé Honorat, Akroman Landry, Kra Noélline, Boua Berenice, Fulgence N'zué, Claude Kouassi, Désiré, George Emmanuel, Miezan EBENEZER, Aman Emmanuella, Druid Cécilia, Flavia, Louga Eliezer, Soro Jean, Joël Amon, Soro Grâce, Ezechiel Konan, Kaboé Ezechiel, Aliman Pacôme, Orlya, Kouassi Yann, Vely, Cyrielle Koué,*

*Junior Kouassi, Akéssé, Igor, Bocalo Frédérick, Doho, ELIZÉ N'dri, Guiso, Désiré, Cédric, Dahiri, Auriel, Bado Marc, Onézim, Allou Grâce, Gallilé, Yasmine Kra, Adama Zié, Bilé, Brice, Syntiche Achi, Cyntich Bouassi, Junior Konaté, Kla Emmanuel, Noufé, Cesair, Esther, Auriole, Roxane, Wilfried, Shakito, Issa, Innocente, Delmas et autres.*

*À mes lecteurs d'ici et d'ailleurs.*

## Remerciement

Mes remerciements vont spécialement à l'endroit...

Du grand poète de l'univers YAHVÉ, pour sa belle création, socle de mon inspiration.

Des sages Kouassi Kouadio Leopold et Épouse, Bassa Josué et les membres de l'assemblée pour leur immense amour et solidarité.

De Hermess Akpa, un grand frère qui sait tirer les oreilles.

De mes enseignants et Professeurs : Pr Tanella Boni, Pr Boa Thiémélé Ramsès, Pr Koudou Landry, Pr Josué Guébo, Pr Kouman Maxime, Pr Yapo Séverin, Pr Kouadio Koffi Decaird, Mlle Kagba Patricia, M Yao Valery, M Silué, M Tanoh et autres pour leur amour, conseilles, encouragements et savoir faire dans le monde de la connaissance.

Des Étudiants, Doctorants, Corps administratifs et Docteurs du département de Philosophie de COCODY pour leur dévouement dans l'univers de l'apprentissage.

Du Groupe GNK, plus précisément, à Monsieur Guékourougo. N. KONÉ.

# AMOUREUSEMENT

Le soleil prend sa retraite dans le ciel,
dont le cocktail des lignes présente les étoiles
Étoiles scintillantes
Étoiles filantes
Illuminant notre douce soirée
Empêchant le manteau de la nuit de moirer

Des fleurs éphémères, encore en vie
Des corps, avec de miel envies
De peindre l'amour
Dans toutes les cours
Sur tous les regards
Dans tous les cœurs,
Et faire de la vie une œuvre d'art,
Acclament et chantent en chœur

L'odeur de la paix asphyxie la haine
Qui meurt et quitte la scène

Quel instant tant rêvé !
Nos reins complotent pour nous faire danser
Pour nous faire chanter

L'homme séduit,
Réduit les ennuis
Elle pose
C'est une posture généreuse, provocante

Elle cause
Bouge ses lèvres pulpeuses, innocentes
Qui dégagent le gaz de plaisir
Il la désire
La langue glaciale sillonne autour des mamelles
caramélisées et harmonieuses
La main malaxe la tablette de chocolat

Ah, oui!
Ce sont les gémissements
qui effraient les bêtes
pour mettre les âmes en fête

Ah!
Le sourire est ressuscité de son sommeil
Oui!
Comme il était tant qu'il se réveil

## SERMENT D'AMOUR

Ô toi, ma belle
Ma douce mirabelle
Toi qui fais battre mon cœur
Et me procure de la chaleur
Toi qui, en temps de désespoir,
Me présente un point d'espoir

Tu m'as fait passer de zéro à héros
Alors pourquoi as-tu peur ?
Non
N'ai plus peur de la flamme
T'as bien fait de moi l'eau qui l'éteint
N'ai pas peur de manquer de sésame
T'as fait de moi l'un de ses grains
N'ai plus peur, peu importe sa mauvaise gamme
T'as bien fait de moi le héros qu'il craint

Ma côte,
Sache que je serai toujours à tes côtés
Et note
Que je ferai tout pour être bien noté :
– dix sur dix, pour l'excellent conjoint
– dix sur dix, pour la meilleure prise de soin
– dix sur dix, dix sur dix, dix pour tout

Je te donnerai tout, tout, tout de moi
Ensuite je ferai tout, tout, tout pour toi

Pour ta sécurité
Ta santé
Pour ton bonheur
Ton honneur
Pour tout
Tout
Pour toi

## BAIN DE SANG

Mon corps chauffe
Ça me brule, me grille,
Et je hurle, je crie

Mon sang est en ébullition
Mon cerveau accuse mon cœur
Quand mon cœur accuse mes yeux
Mais toutes ses accusations
Sans idée de solutions
Me cause trop de peine
Elles ne tiendront pas, mes pauvres veines

Merde !
Mon sang enivré s'est jeté dans le lac de la douleur
Il s'est coupé une veine en tombant dans ses profondeurs

Première proposition de solution ;
Une boisson bien fraîche
Pour cette âme toute sèche

Que quoi… de l'alcool ?
Encore
Mais non, ce n'est pas drôle

Ranimer plutôt mon corps
Car je ne suis pas mort
J'ai juste perdu connaissance
Quelle chance !

Chasser donc ces oiseaux
Maudits corbeaux
Toujours autour
Pour des faux tours

Mon corps chauffe
Ça me brûle, me grille,
Et je hurle, je crie

Mon sang me fuit
Il me quitte en courant
Tachant mon corps de rouge

Mais derrière lui,
Je le suis en coulant
Avec effort je bouge

Il me conduit, m'attire
L'autre côté de la vie

Ambulance, sirène…
C'était la dernière scène

## LOIN DE TOI

C'était déjà difficile d'être éloigné à un mètre de toi
Alors, imagine

Ne pas sentir
Sentir le parfum de ton cœur
Ne pas entendre
Entendre le son de ton odeur

C'est pénible !

Impossible qu'on me console
Même avec un verre d'alcool
Car tu avais un grand rôle
Tu étais plus qu'une boussole

Loin de toi, je perds ma voie
Loin de toi, je perds la foi
Sans toi, je n'ai envie de rien
Sans toi, je ne me sens plus bien

Chaque fois que je meurs,
Tué par la solitude
Nos souvenirs me raniment

Et toutes ces fois je pleure
De tristesse, d'inquiétude
À cause du chagrin qui m'anime

Je refuse ce passé, même si récent,
Et ses souvenirs
Actuellement, je te veux pour notre avenir

Là, il fait soir
Je regarde le long du chemin
Espérant te voir
Revenir me donner ta main

# TU ES MA MALADIE

C'est toi, ma maladie
Ma maladie, c'est toi

Je t'accuse

Tu es coupable de mon mal
Oui, c'est de ta faute

Tu m'as laissé ouvrir le rideau de cet espace léger
Sans le solidifier
Entrée vite
Sortie vite

Tu m'as laissé séjourner dans ton cœur
Juste le temps d'un congé
Tu m'as laissé sentir l'odeur du bonheur
Pour m'empêcher de voir le danger

Pour que je mérite le jus de tes lèvres
Tu m'as laissé courir comme une chèvre
Dans cette montagne sans abris
D'où j'en suis revenu avec l'odeur du cabri

Au moment de partir
Tu m'as laissé porter la veste de mes désirs
Avant de m'empêcher
De porter les chaussures pour t'accompagner

Et mon pauvre fragile petit cœur,
tu le balances, le lances
Et le brise contre le mur de la froideur
Et de l'indifférence,

Mon cœur saigne
Mon âme pleure
Cœur et âme se plaignent
Des douleurs

Je me meurs

C'est toi, ma maladie
Ma maladie, c'est toi

Oui…
Je suis malade à cause de toi
Toi qui n'es pas une femme,
mais qui tu es infâme !

## RÊVE PARADISIAQUE

Je les vois, toutes magnifiques sur cette île
Entendant au moins un homme
Pour qu'au groupe on attribue le pronom « ils »
Chacune avec en main, une pomme

Ne serons-nous pas dans le jardin d'Éden
Peu importe, je n'hésiterai pas à répéter l'histoire
En mordant l'une de ces pommes sans gène
Du moment où j'aurai l'une de ses filles pour le coup d'un soir

Toxique envie
Fruit défendu

Je souffre !

Elles ont brisé mes innocentes ailes
Pour que je ne dépende que d'elles
Je sens en moi un corps en pleine érection
Lorsqu'elles ne me donnent que de l'affection

Quel rêve !

Ici, pas de cloche d'église
Pas de cri de muezzin
Je pouvais donc cacher mon alliance
Pour me jeter dans cette ambiance

Mais j'entendis une voix
C'était ma femme
C'était mon choix
Elle me réveilla

## LA DÉPENDANCE DE MES PENSÉES

Je pense à toi
Et chaque jour, je pense à nous
Toi et moi

Je pense à toi, toujours

Unique pétale de la plus belle fleur,
Je pense à toi !
Belle luciole qui illumine mon cœur,
Je pense à toi !

Je pense à toi mon amour
Je pense bien à ton retour

Je pense à toi
Et chaque jour, je pense à nous
Toi et moi

Je pense à cette triste pause
Et je suggère qu'on cause
Pour recoller les morceaux
Et ensemble voler plus haut

Te rappelles-tu de cette nuit-là ;
Tendresse
Soupir
Caresse
plaisir

Ô
Comme ça me manque
Ta chaleur
Ton sourire
Ta douceur
Ton…

Ô
Que j'ai soif de toi mon miel de désert !
Que j'aurais aimé prendre comme dessert

Je pense à toi
Et chaque jour, je pense à nous
Toi et moi

## ANEMI D'AMOUR

Pourquoi faire le brave
Avec mon orgueil de mâle
Quand mon état s'aggrave
Et que je me sens très mal

Je souffre d'une carence
Il me manque de l'essence
Et sans toi, précieuse substance
Ma vie n'aura pas de sens

Urgence !

Je suis en manque de toi
Je suis en manque de joie
En manque de ton amour
Et je souffre de jour en jour

Sauve-moi !

Sauve-moi d'une anémie vilaine
Viens et soigne ma carence d'amour
Viens et coule dans mes veines
Viens illuminer notre belle cour

## LA TEMPÊTE

Je gronde
À cause de l'insécurité
Je gronde
Pour les problèmes de santé

Et pleure
Comme cette gamine
Qui pleure
À cause de la famine

Je gronde
Je pleure

Mais ils jouent les sourds
À tous nos cris d'au secours

Et quand je crie de détresse
C'est à grande vitesse
Que mes larmes coulent sans cesse
Quelle tristesse !

En poussant ce cri, grand
effrayant
Sort de ma bouche, un vent
violent

qui fait même un tourbillon
déracinant toutes les fleurs
Et dégageant les papillons
Qui fuient dans la douleur

J'en ai assez de faire la ronde
C'est pourquoi je crie et gronde
Pleurant sur ce cruel monde
Qu'avec mes larmes, j'inonde

Je gronde
Je pleure

Et quand je déclenche cette tempête
Ils prennent la poutre d'escampette

## LA FUITE INEXORABLE DU TEMPS

Tu étais petite, belle…
Fille convoitée
Puis, une nuit
Un jour
Une semaine
Deux mois
Des années
Le temps passe, passe et passe
Il rampe
Il nage
Il marche
Il court,
Il vole

Et qu'es-tu devenue ?
Où est passé ce sourire conquérant ?
Et cette belle paire de fesses
Qui au rythme des chants,
Balançait à grande vitesse ?

C'est le temps,
Il rampe
Il nage
Il marche
Il court,
Il vole

Emportant la beauté de ton visage
Et face à la glace, tu restes sage
Heureuse si t'es dans un mariage
Autrement, c'est bien dommage

Tu étais petit, beau…
garçon convoité
Puis, une nuit
Un jour
Une semaine
Deux mois
Des années
Le temps passe, passe et passe
Il rampe
Il nage
Il marche
Il court,
Il vole

Mais qu'es-tu devenu ?
Où est passé ton beau buste
Que tu exhibais partout
Pour montrer que tu es robuste
Que tu pouvais faire tout

C'est le temps,
Il rampe
Il nage
Il marche
Il court,
Il vole

Emportant la beauté de ton visage
Et face à la glace, tu restes sage
Heureux si t'es dans un mariage
Autrement, c'est bien dommage

Comme le temps vole notre jeunesse
Faisons donc preuve de sagesse
En préparant notre vieillesse

## ANGE

J'ai vu un ange

À peine j'aperçus cette déesse
Que tombait dans mon cœur
Une pluie de mille caresses
Prédisant mon bonheur

Je n'avais plus à faire de calculs
Ses résultats étaient toujours bons
Sa peau, couleur de crépuscule
Était douce comme du coton

Ses yeux, ils étaient mon miroir
Je me voyais dans son iris
Même quand il faisait noir
Même sous le soleil de midi

Elle est un ange

Envié des fleurs
Parce qu'elle attire les papillons
J'ai très peur
Qu'elle attire aussi les démons

Cette pensée me dérange
Jusqu'à ce que je me rappelle
Qu'elle est un ange
Et rien à craindre pour elle

Elle est un ange
Et sa présence m'arrange
C'est elle qui range
Tout ce que je dérange

## TEMPS POUR S'ENTENDRE

Reviens

Je t'attends

Il est temps
Temps
Temps de se calmer
Temps de se parler
Temps de se pardonner
Temps pour s'aimer

Il est temps
Temps qu'on s'entende

## VA-T'EN

Ce n'est pas de la sorte
Qu'on se comporte
Avec celui qui t'ouvre sa porte
Faut donc que tu ressortes

## CE QUE TU ES POUR MOI

Tu es ma dulcinée, bien aimée
Tu es mon essence, ma chance
Tu es ma femme, ma flamme
La flamme qui brule le malheur
La flamme qui réchauffe nos heures
Et qui enflamme les douleurs

## LES BLESSURES D'HIER

Le bruit qu'on avait entendu
Était un coup de canon
Et cette personne étendue
Avait reçu une balle dans le front

Son sang a teint en rouge
Sa chemise blanche
On voulait qu'il bouge
Le touchant avec une branche

Mais il restait là, inerte
Encore une autre perte

Ces hommes l'avaient pris pour cible
Car il leur était devenu nuisible
À revendiquer sans cesse
Des solutions pour la jeunesse

Ces hommes tiraient encore
Augmentant le nombre de corps

Mais nos revendications
Nous allons les maintenir
Jusqu'à une solution
Qui nous fera plaisir

## L'ANGLE DE LA POÉSIE

La poésie c'est beauté de l'écriture
La poésie c'est le charme de la vue
La poésie c'est la ligne du lyrisme
La poésie c'est la voix de l'angoisse
La poésie c'est nostalgie des nuits
La poésie c'est l'ennemi des ennuis

La poésie c'est le pansement des blessures
La poésie c'est le chant du réveil
La poésie c'est la flamme du soleil
La poésie c'est l'œil de la lune
La poésie c'est la lumière de l'étoile
La poésie c'est la Beauté de la laide

La poésie c'est la chamade du cœur
La poésie c'est l'expression du cœur
La poésie c'est l'océan de la douceur
La poésie c'est le royaume du bonheur
La poésie c'est le lac de l'amour
La poésie c'est la fontaine des Plaisirs

Impossible de la définir, la poésie
Car elle est la vie
Elle est chacun de nous

## POUR LA JEUNESSE

Des besoins de la jeunesse : Éducation
Formation
Correction
Profession…

Elle a la volonté mais a besoin de soutien
Elle a la force
Elle a la vitesse
Avec effort
Elle progresse

## JE M'ISOLE

Aujourd'hui j'ai des poux
Et une mauvaise odeur

Je m'éloigne
Je m'enferme
M'isolant
Je m'isole pour souffrir de ton absence

Je m'éloigne
Je m'enferme
M'isolant
Je m'isole pour mourir en silence

Tu as cassé mon cou
Tout en brisant mon cœur

Je m'éloigne
Je m'enferme
M'isolant
Je m'isole pour souffrir de ton absence

Quand on veut chasser son chien
On trouve qu'il a la gale
Aujourd'hui que je n'ai plus rien
Tu trouves que je suis sale

Ainsi tu as cassé mon cou

Tout en brisant mon cœur
Mentant que j'ai des poux
Et une mauvaise odeur

Je m'éloigne
Je m'enferme
M'isolant
Je m'isole pour mourir en silence

## FLAMME MORTE

Comment veux-tu que je me redresse
Ô ma belle négresse
Si à la toute première tristesse
Tu mets fin aux caresses

Ô ma tigresse
Pourquoi sortir tes crocs
Pour tuer notre promesse
Et me tourner le dos

Mais pourquoi
Alors que j'étais le roi
Et toi la reine
Qui coule dans mes veines

Oui, pourquoi
Briser cette belle joie
Par cette haine
Pour causer mille et une peines

Dis, tu es donc parti pour toujours
En éteignant notre flamme d'amour

## LES VISAGES DE L'AMOUR

Amour
Amour

Il peut être délicieux
Il peut être épineux

Parfois il blesse et laisse des larmes
Parfois il caresse et cesse les larmes

Amour
Amour

Il n'est pas toujours le même
Ne mange donc pas son totem

Parfois il blesse et laisse des larmes
Parfois il caresse et cesse les larmes

## ENNEMI D'AMOUR

À peine m'accordait-elle sa main
Que je redoutais l'embuscade des vautours
Tout le long de notre chemin
À chaque carrefour

J'avais raison
Ils sont venus un jour
À la maison
Pour mettre fin à l'amour

## MA BELLE, MON REMÈDE

Sache…

Quand ta paume molle
Se pose sur mon visage pale
Je ne sens plus le mal
Et ne veux qu'elle se décolle

Le jus de tes seins
Noie mon chagrin

Le parfum de tes tresses
Évacue mon stresse

Ta respiration
Stabilise ma tension

L'éclat de ton sourire
Peut me guérir

Tu es mon remède
Merci pour toute l'aide

## MAIN GUÉRISSEUSE

Quand la solitude m'agresse
J'ai besoin de tes caresses
Pour apaiser ma tristesse

## JE T'APPELLE MA BELLE

Comment tu t'appelles
Non, ne réponds pas
Je préfère t'appeler ma belle
Et souhaite avancer avec toi

## FEMMES DE CHEZ NOUS

Les femmes de chez nous sont respectueuses
Généreuses
Courageuses
Sérieuses

Les femmes de chez nous sont africaines
Sans haine
Sans gène
Sans peine

## POUR L'AFRIQUE

Vite, il nous faut du fric
Pour qu'on fabrique
Plusieurs briques
Et construire l'Afrique

## COULEUR D'AFRICAINE

Elles sont peintes avec un reste d'encre
Un reste d'encre
ayant servir à dessiner l'arc-en-ciel
Un reste d'encre
Couleur de miel

Elles sont peintes avec un reste d'encre
Un reste d'encre
ayant servir à dessiner un berceau
Car elles sont femmes
Africaines

## MAMAN

Après la salle d'accouchement,
Après la naissance de son enfant,
Avec sa bouche
Elle le mouche
Change sa couche
Et le douche
Puis le couche

## TABLE DES MATIÈRES

Réalisation des maquettes : **Guékourougo N. Koné**

09 BP 3232 ABIDJAN 09
TEL : (+225) 07 57 44 99 00
Site : www.gnk-editions.com

ISBN papier : 978-2-38499-111-2
ISBN pdf : 978-2-38499-112-9
ISBN epub : 978-2-38499-113-6

Imprimé en Côte d'Ivoire par **GNK Impression**
gnk.impression@gmail.com/ (+225) 07 57 44 99 00

Dépôt légal N° 20930 du 16 Février 2024
1er Trimestre 2024

www.ingramcontent.com/pod-product-compliance
Lightning Source LLC
LaVergne TN
LVHW041000150826
845672LV00002B/792

* 9 7 8 2 3 8 4 9 9 1 1 1 2 *